Logbog for havebrug

Denne bog hører til:

Logbog til havearbejde er en fantastisk måde at holde styr på dine mål med havearbejdet på for begyndere og erfarne gartnere.

Logbog for havebrug

Navn

Placering

Leverandør

Pris

Videnskabelig klasse

Vegetabilske	○	Frugt
Urt	○	Blomst
Busk	○	Træ
Årlig	○	Toårig
Flerårig	○	Frøplante

Dato

Spiret

Plantet

Høstet

Startet fra

Frø

Plante

Lysniveau

Sol

Delvis sol

Skygge

Andre

Bedømmelse

Størrelse	○○○○○
Farve	○○○○○
Smag	○○○○○

Gødningsstoffer
og udstyr

Vandkrav

0%
mindre

Plejeanvisninger

Plantningsanvisninger

Yderligere
bemærkninger

Logbog for havebrug

Navn	Placering

Leverandør	Pris

Videnskabelig klasse

Vegetabilske	○	Frugt
Urt	○	Blomst
Busk	○	Træ
Årlig	○	Toårig
Flerårig	○	Frøplante

Dato

Spiret

Plantet

Høstet

Lysniveau

Sol

Delvis sol

Skygge

Andre

Startet fra

Frø

Plante

Bedømmelse

Størrelse	○○○○○
Farve	○○○○○
Smag	○○○○○

Gødningsstoffer
og udstyr

Vandkrav

0%
mindre

Plejeanvisninger

Plantningsanvisninger

Yderligere
bemærkninger

Logbog for havebrug

Navn	Placering

Leverandør	Pris

Videnskabelig klasse

Vegetabilske	○	Frugt
Urt	○	Blomst
Busk	○	Træ
Årlig	○	Toårig
Flerårig	○	Frøplante

Dato

Spiret	
Plantet	
Høstet	

Lysniveau

Sol	
Delvis sol	
Skygge	
Andre	

Startet fra

Frø	
Plante	

Bedømmelse

Størrelse	○○○○○
Farve	○○○○○
Smag	○○○○○

Gødningsstoffer og udstyr

Vandkrav

0% mindre

Plejeanvisninger

Plantningsanvisninger

Yderligere bemærkninger

Logbog for havebrug

Navn		Placering	
Leverandør		Pris	

Videnskabelig klasse

Vegetabilske	○	Frugt
Urt	○	Blomst
Busk	○	Træ
Årlig	○	Toårig
Flerårig	○	Frøplante

Dato

Spiret	
Plantet	
Høstet	

Lysniveau

Sol
Delvis sol
Skygge
Andre

Startet fra

Frø	
Plante	

Bedømmelse

Størrelse	○○○○○
Farve	○○○○○
Smag	○○○○○

Gødningsstoffer
og udstyr

Vandkrav

0%
mindre

Plejeanvisninger

Plantningsanvisninger

Yderligere
bemærkninger

Logbog for havebrug

Navn	Placering

Leverandør	Pris

Videnskabelig klasse

Vegetabilske	○	Frugt
Urt	○	Blomst
Busk	○	Træ
Årlig	○	Toårig
Flerårig	○	Frøplante

Dato

Spiret

Plantet

Høstet

Lysniveau

Sol

Delvis sol

Skygge

Andre

Startet fra

Frø

Plante

Bedømmelse

Størrelse	○○○○○
Farve	○○○○○
Smag	○○○○○

Gødningsstoffer og udstyr

Vandkrav

0%
mindre

Plejeanvisninger

Plantningsanvisninger

Yderligere bemærkninger

Logbog for havebrug

Navn

Placering

Leverandør

Pris

Videnskabelig klasse

Vegetabilske	○	Frugt
Urt	○	Blomst
Busk	○	Træ
Årlig	○	Toårig
Flerårig	○	Frøplante

Dato

Spiret

Plantet

Høstet

Lysniveau

Sol

Delvis sol

Skygge

Andre

Startet fra

Frø

Plante

Bedømmelse

Størrelse ○○○○○

Farve ○○○○○

Smag ○○○○○

Gødningsstoffer
og udstyr

Vandkrav

0%
mindre

Plejeanvisninger

Plantningsanvisninger

Yderligere
bemærkninger

Logbog for havebrug

Navn

Placering

Leverandør

Pris

Videnskabelig klasse

Vegetabilske	○	Frugt
Urt	○	Blomst
Busk	○	Træ
Årlig	○	Toårig
Flerårig	○	Frøplante

Dato

Spiret

Plantet

Høstet

Lysniveau

Sol

Delvis sol

Skygge

Andre

Startet fra

Frø

Plante

Bedømmelse

Størrelse ○○○○○

Farve ○○○○○

Smag ○○○○○

Gødningsstoffer
og udstyr

Vandkrav

0%
mindre

Plejeanvisninger

Plantningsanvisninger

Yderligere
bemærkninger

Logbog for havebrug

Navn	Placering

Leverandør	Pris

Videnskabelig klasse

Vegetabilske	○	Frugt
Urt	○	Blomst
Busk	○	Træ
Årlig	○	Toårig
Flerårig	○	Frøplante

Dato

Spiret

Plantet

Høstet

Startet fra

Frø

Plante

Lysniveau

Sol

Delvis sol

Skygge

Andre

Bedømmelse

Størrelse ○○○○○

Farve ○○○○○

Smag ○○○○○

Gødningsstoffer og udstyr	Vandkrav

0%
mindre

Plejeanvisninger	Plantningsanvisninger

Yderligere bemærkninger

Logbog for havebrug

| Navn | Placering |

| Leverandør | Pris |

Videnskabelig klasse

Vegetabilske	◯	Frugt
Urt	◯	Blomst
Busk	◯	Træ
Årlig	◯	Toårig
Flerårig	◯	Frøplante

Dato

Spiret

Plantet

Høstet

Lysniveau

Sol

Delvis sol

Skygge

Andre

Startet fra

Frø

Plante

Bedømmelse

Størrelse ◯◯◯◯◯

Farve ◯◯◯◯◯

Smag ◯◯◯◯◯

Gødningsstoffer
og udstyr

Vandkrav

0%
mindre

Plejeanvisninger

Plantningsanvisninger

Yderligere
bemærkninger

Logbog for havebrug

<table>
<tr><td>Navn</td><td>Placering</td></tr>
<tr><td>Leverandør</td><td>Pris</td></tr>
</table>

Videnskabelig klasse

Vegetabilske	○	Frugt
Urt	○	Blomst
Busk	○	Træ
Årlig	○	Toårig
Flerårig	○	Frøplante

Dato	Lysniveau
Spiret	Sol
Plantet	Delvis sol
	Skygge
Høstet	Andre

Startet fra	Bedømmelse
Frø	Størrelse ○○○○○
Plante	Farve ○○○○○
	Smag ○○○○○

Gødningsstoffer og udstyr

Vandkrav

0%
mindre

Plejeanvisninger

Plantningsanvisninger

Yderligere bemærkninger

Logbog for havebrug

Navn	Placering
Leverandør	Pris

Videnskabelig klasse

Vegetabilske	○	Frugt
Urt	○	Blomst
Busk	○	Træ
Årlig	○	Toårig
Flerårig	○	Frøplante

Dato

Spiret

Plantet

Høstet

Lysniveau

Sol

Delvis sol

Skygge

Andre

Startet fra

Frø

Plante

Bedømmelse

Størrelse ○○○○○

Farve ○○○○○

Smag ○○○○○

Gødningsstoffer
og udstyr

Vandkrav

0%
mindre

Plejeanvisninger

Plantningsanvisninger

Yderligere
bemærkninger

Logbog for havebrug

Navn		Placering	
Leverandør		Pris	

Videnskabelig klasse

Vegetabilske	○	Frugt
Urt	○	Blomst
Busk	○	Træ
Årlig	○	Toårig
Flerårig	○	Frøplante

Dato

Spiret

Plantet

Høstet

Lysniveau

Sol

Delvis sol

Skygge

Andre

Startet fra

Frø

Plante

Bedømmelse

Størrelse	○○○○○
Farve	○○○○○
Smag	○○○○○

Gødningsstoffer og udstyr

Vandkrav

0%
mindre

Plejeanvisninger

Plantningsanvisninger

Yderligere bemærkninger

Logbog for havebrug

Navn	Placering

Leverandør	Pris

Videnskabelig klasse

Vegetabilske	○	Frugt
Urt	○	Blomst
Busk	○	Træ
Årlig	○	Toårig
Flerårig	○	Frøplante

Dato

Spiret

Plantet

Høstet

Lysniveau

Sol

Delvis sol

Skygge

Andre

Startet fra

Frø

Plante

Bedømmelse

Størrelse	○○○○○
Farve	○○○○○
Smag	○○○○○

Gødningsstoffer og udstyr

Vandkrav

0%
mindre

Plejeanvisninger

Plantningsanvisninger

Yderligere bemærkninger

Logbog for havebrug

| Navn | Placering |

| Leverandør | Pris |

Videnskabelig klasse

Vegetabilske	○	Frugt
Urt	○	Blomst
Busk	○	Træ
Årlig	○	Toårig
Flerårig	○	Frøplante

Dato

Spiret

Plantet

Høstet

Lysniveau

Sol

Delvis sol

Skygge

Andre

Startet fra

Frø

Plante

Bedømmelse

Størrelse ○○○○○

Farve ○○○○○

Smag ○○○○○

Gødningsstoffer
og udstyr

Vandkrav

0%
mindre

Plejeanvisninger

Plantningsanvisninger

Yderligere
bemærkninger

Logbog for havebrug

Navn		Placering	
Leverandør		**Pris**	

Videnskabelig klasse

Vegetabilske	○	Frugt
Urt	○	Blomst
Busk	○	Træ
Årlig	○	Toårig
Flerårig	○	Frøplante

Dato

Spiret

Plantet

Høstet

Lysniveau

Sol

Delvis sol

Skygge

Andre

Startet fra

Frø

Plante

Bedømmelse

Størrelse	○ ○ ○ ○ ○
Farve	○ ○ ○ ○ ○
Smag	○ ○ ○ ○ ○

Gødningsstoffer og udstyr

Vandkrav

0%
mindre

Plejeanvisninger

Plantningsanvisninger

Yderligere bemærkninger

Logbog for havebrug

Navn

Placering

Leverandør

Pris

Videnskabelig klasse

Vegetabilske	O	Frugt
Urt	O	Blomst
Busk	O	Træ
Årlig	O	Toårig
Flerårig	O	Frøplante

Dato

Spiret

Plantet

Høstet

Lysniveau

Sol

Delvis sol

Skygge

Andre

Startet fra

Frø

Plante

Bedømmelse

Størrelse ○○○○○

Farve ○○○○○

Smag ○○○○○

Gødningsstoffer
og udstyr

Vandkrav

0%
mindre

Plejeanvisninger

Plantningsanvisninger

Yderligere
bemærkninger

Logbog for havebrug

| Navn | Placering |

| Leverandør | Pris |

Videnskabelig klasse

Vegetabilske	○	Frugt
Urt	○	Blomst
Busk	○	Træ
Årlig	○	Toårig
Flerårig	○	Frøplante

Dato

Spiret

Plantet

Høstet

Lysniveau

Sol

Delvis sol

Skygge

Andre

Startet fra

Frø

Plante

Bedømmelse

Størrelse	○○○○○
Farve	○○○○○
Smag	○○○○○

Gødningsstoffer og udstyr

Vandkrav

0%
mindre

Plejeanvisninger

Plantningsanvisninger

Yderligere bemærkninger

Logbog for havebrug

Navn	Placering

Leverandør	Pris

Videnskabelig klasse

Vegetabilske	○	Frugt
Urt	○	Blomst
Busk	○	Træ
Årlig	○	Toårig
Flerårig	○	Frøplante

Dato

Spiret

Plantet

Høstet

Lysniveau

Sol

Delvis sol

Skygge

Andre

Startet fra

Frø

Plante

Bedømmelse

Størrelse	○○○○○
Farve	○○○○○
Smag	○○○○○

Gødningsstoffer og udstyr

Vandkrav

0%
mindre

Plejeanvisninger

Plantningsanvisninger

Yderligere bemærkninger

Logbog for havebrug

Navn	Placering

Leverandør	Pris

Videnskabelig klasse

Vegetabilske	○		Frugt
Urt	○		Blomst
Busk	○		Træ
Årlig	○		Toårig
Flerårig	○		Frøplante

Dato

Spiret	
Plantet	
Høstet	

Lysniveau

Sol	
Delvis sol	
Skygge	
Andre	

Startet fra

Frø	
Plante	

Bedømmelse

Størrelse	○○○○○
Farve	○○○○○
Smag	○○○○○

<table>
<tr><td>Gødningsstoffer og udstyr</td><td>Vandkrav</td></tr>
</table>

Gødningsstoffer og udstyr

Vandkrav

0%
mindre

Plejeanvisninger

Plantningsanvisninger

Yderligere bemærkninger

Logbog for havebrug

| Navn | Placering |

| Leverandør | Pris |

Videnskabelig klasse

Vegetabilske	○	Frugt
Urt	○	Blomst
Busk	○	Træ
Årlig	○	Toårig
Flerårig	○	Frøplante

Dato

Spiret

Plantet

Høstet

Lysniveau

Sol

Delvis sol

Skygge

Andre

Startet fra

Frø

Plante

Bedømmelse

Størrelse ○○○○○

Farve ○○○○○

Smag ○○○○○

Gødningsstoffer
og udstyr

Vandkrav

0%
mindre

Plejeanvisninger

Plantningsanvisninger

Yderligere
bemærkninger

Logbog for havebrug

Navn

Placering

Leverandør

Pris

Videnskabelig klasse

Vegetabilske	○	Frugt
Urt	○	Blomst
Busk	○	Træ
Årlig	○	Toårig
Flerårig	○	Frøplante

Dato

Spiret

Plantet

Høstet

Lysniveau

Sol

Delvis sol

Skygge

Andre

Startet fra

Frø

Plante

Bedømmelse

Størrelse	○○○○○
Farve	○○○○○
Smag	○○○○○

Gødningsstoffer
og udstyr

Vandkrav

0%
mindre

Plejeanvisninger

Plantningsanvisninger

Yderligere
bemærkninger

Logbog for havebrug

Navn	Placering

Leverandør	Pris

Videnskabelig klasse

Vegetabilske	◯	Frugt
Urt	◯	Blomst
Busk	◯	Træ
Årlig	◯	Toårig
Flerårig	◯	Frøplante

Dato

Spiret

Plantet

Høstet

Lysniveau

Sol

Delvis sol

Skygge

Andre

Startet fra

Frø

Plante

Bedømmelse

Størrelse	◯◯◯◯◯
Farve	◯◯◯◯◯
Smag	◯◯◯◯◯

Gødningsstoffer og udstyr

Vandkrav

0%
mindre

Plejeanvisninger

Plantningsanvisninger

Yderligere bemærkninger

Logbog for havebrug

Navn	Placering

Leverandør	Pris

Videnskabelig klasse

Vegetabilske	○	Frugt
Urt	○	Blomst
Busk	○	Træ
Årlig	○	Toårig
Flerårig	○	Frøplante

Dato

Spiret

Plantet

Høstet

Lysniveau

Sol

Delvis sol

Skygge

Andre

Startet fra

Frø

Plante

Bedømmelse

Størrelse	○○○○○
Farve	○○○○○
Smag	○○○○○

Gødningsstoffer
og udstyr

Vandkrav

0%
mindre

Plejeanvisninger

Plantningsanvisninger

Yderligere
bemærkninger

Logbog for havebrug

Navn	Placering
Leverandør	Pris

Videnskabelig klasse

Vegetabilske	○	Frugt
Urt	○	Blomst
Busk	○	Træ
Årlig	○	Toårig
Flerårig	○	Frøplante

Dato

Spiret

Plantet

Høstet

Lysniveau

Sol

Delvis sol

Skygge

Andre

Startet fra

Frø

Plante

Bedømmelse

Størrelse	○○○○○
Farve	○○○○○
Smag	○○○○○

Gødningsstoffer
og udstyr

Vandkrav

0%
mindre

Plejeanvisninger

Plantningsanvisninger

Yderligere
bemærkninger

Logbog for havebrug

Navn	Placering

Leverandør	Pris

Videnskabelig klasse

Vegetabilske	○	Frugt
Urt	○	Blomst
Busk	○	Træ
Årlig	○	Toårig
Flerårig	○	Frøplante

Dato

Spiret

Plantet

Høstet

Lysniveau

Sol

Delvis sol

Skygge

Andre

Startet fra

Frø

Plante

Bedømmelse

Størrelse	○○○○○
Farve	○○○○○
Smag	○○○○○

Gødningsstoffer og udstyr

Vandkrav

0%
mindre

Plejeanvisninger

Plantningsanvisninger

Yderligere bemærkninger

Logbog for havebrug

Navn	Placering
Leverandør	Pris

Videnskabelig klasse

Vegetabilske	○	Frugt	
Urt	○	Blomst	
Busk	○	Træ	
Årlig	○	Toårig	
Flerårig	○	Frøplante	

Dato

Spiret

Plantet

Høstet

Startet fra

Frø

Plante

Lysniveau

Sol

Delvis sol

Skygge

Andre

Bedømmelse

Størrelse	○○○○○
Farve	○○○○○
Smag	○○○○○

Gødningsstoffer
og udstyr

Vandkrav

0%
mindre

Plejeanvisninger

Plantningsanvisninger

Yderligere
bemærkninger

Logbog for havebrug

Navn		Placering	
Leverandør		Pris	

Videnskabelig klasse

Vegetabilske	○	Frugt
Urt	○	Blomst
Busk	○	Træ
Årlig	○	Toårig
Flerårig	○	Frøplante

Dato		Lysniveau
Spiret		Sol
Plantet		Delvis sol
		Skygge
Høstet		Andre

Startet fra		Bedømmelse	
Frø		Størrelse	○○○○○
Plante		Farve	○○○○○
		Smag	○○○○○

Gødningsstoffer
og udstyr

Vandkrav

0%
mindre

Plejeanvisninger

Plantningsanvisninger

Yderligere
bemærkninger

Logbog for havebrug

Navn	Placering
Leverandør	Pris

Videnskabelig klasse

Vegetabilske	○	Frugt
Urt	○	Blomst
Busk	○	Træ
Årlig	○	Toårig
Flerårig	○	Frøplante

Dato

Spiret

Plantet

Høstet

Lysniveau

Sol

Delvis sol

Skygge

Andre

Startet fra

Frø

Plante

Bedømmelse

Størrelse	○○○○○
Farve	○○○○○
Smag	○○○○○

Gødningsstoffer og udstyr

Vandkrav

0%
mindre

Plejeanvisninger

Plantningsanvisninger

Yderligere bemærkninger

Logbog for havebrug

Navn	Placering
Leverandør	Pris

Videnskabelig klasse

Vegetabilske	○	Frugt	
Urt	○	Blomst	
Busk	○	Træ	
Årlig	○	Toårig	
Flerårig	○	Frøplante	

Dato

Spiret

Plantet

Høstet

Lysniveau

Sol

Delvis sol

Skygge

Andre

Startet fra

Frø

Plante

Bedømmelse

Størrelse ○○○○○

Farve ○○○○○

Smag ○○○○○

Gødningsstoffer og udstyr	Vandkrav

0% mindre

Plejeanvisninger	Plantningsanvisninger

Yderligere bemærkninger

Logbog for havebrug

Navn	Placering

Leverandør	Pris

Videnskabelig klasse

Vegetabilske	○	Frugt
Urt	○	Blomst
Busk	○	Træ
Årlig	○	Toårig
Flerårig	○	Frøplante

Dato

Spiret

Plantet

Høstet

Lysniveau

Sol

Delvis sol

Skygge

Andre

Startet fra

Frø

Plante

Bedømmelse

Størrelse	○○○○○
Farve	○○○○○
Smag	○○○○○

Gødningsstoffer og udstyr

Vandkrav

0%
mindre

Plejeanvisninger

Plantningsanvisninger

Yderligere bemærkninger

Logbog for havebrug

Navn		Placering	

Leverandør		Pris	

Videnskabelig klasse

Vegetabilske	○	Frugt	
Urt	○	Blomst	
Busk	○	Træ	
Årlig	○	Toårig	
Flerårig	○	Frøplante	

Dato

Spiret

Plantet

Høstet

Lysniveau

Sol

Delvis sol

Skygge

Andre

Startet fra

Frø

Plante

Bedømmelse

Størrelse ○○○○○

Farve ○○○○○

Smag ○○○○○

Gødningsstoffer
og udstyr

Vandkrav

0%
mindre

Plejeanvisninger

Plantningsanvisninger

Yderligere
bemærkninger

Logbog for havebrug

Navn	Placering
Leverandør	Pris

Videnskabelig klasse

Vegetabilske	○	Frugt
Urt	○	Blomst
Busk	○	Træ
Årlig	○	Toårig
Flerårig	○	Frøplante

Dato	Lysniveau
Spiret	Sol
Plantet	Delvis sol
	Skygge
Høstet	Andre

Startet fra	Bedømmelse
Frø	Størrelse ○○○○○
Plante	Farve ○○○○○
	Smag ○○○○○

Gødningsstoffer og udstyr

Vandkrav

0%
mindre

Plejeanvisninger

Plantningsanvisninger

Yderligere bemærkninger

Logbog for havebrug

Navn		Placering
Leverandør		Pris

Videnskabelig klasse

Vegetabilske	○	Frugt
Urt	○	Blomst
Busk	○	Træ
Årlig	○	Toårig
Flerårig	○	Frøplante

Dato

Spiret

Plantet

Høstet

Startet fra

Frø

Plante

Lysniveau

Sol

Delvis sol

Skygge

Andre

Bedømmelse

Størrelse	○○○○○
Farve	○○○○○
Smag	○○○○○

Gødningsstoffer
og udstyr

Vandkrav

0%
mindre

Plejeanvisninger

Plantningsanvisninger

Yderligere
bemærkninger

Logbog for havebrug

Navn		Placering	

Leverandør		Pris	

<table>
<tr><td colspan="4" align="center">Videnskabelig klasse</td></tr>
<tr><td>Vegetabilske</td><td>○</td><td>Frugt</td><td></td></tr>
<tr><td>Urt</td><td>○</td><td>Blomst</td><td></td></tr>
<tr><td>Busk</td><td>○</td><td>Træ</td><td></td></tr>
<tr><td>Årlig</td><td>○</td><td>Toårig</td><td></td></tr>
<tr><td>Flerårig</td><td>○</td><td>Frøplante</td><td></td></tr>
</table>

Dato

Spiret

Plantet

Høstet

Lysniveau

Sol

Delvis sol

Skygge

Andre

Startet fra

Frø

Plante

Bedømmelse

Størrelse	○○○○○
Farve	○○○○○
Smag	○○○○○

Gødningsstoffer
og udstyr

Vandkrav

0%
mindre

Plejeanvisninger

Plantningsanvisninger

Yderligere
bemærkninger

Logbog for havebrug

Navn	Placering

Leverandør	Pris

Videnskabelig klasse

Vegetabilske	○	Frugt
Urt	○	Blomst
Busk	○	Træ
Årlig	○	Toårig
Flerårig	○	Frøplante

Dato

Spiret

Plantet

Høstet

Lysniveau

Sol

Delvis sol

Skygge

Andre

Startet fra

Frø

Plante

Bedømmelse

Størrelse	○○○○○
Farve	○○○○○
Smag	○○○○○

Gødningsstoffer og udstyr

Vandkrav

0%
mindre

Plejeanvisninger

Plantningsanvisninger

Yderligere bemærkninger

Logbog for havebrug

Navn	Placering

Leverandør	Pris

Videnskabelig klasse

Vegetabilske	○	Frugt
Urt	○	Blomst
Busk	○	Træ
Årlig	○	Toårig
Flerårig	○	Frøplante

Dato

Spiret

Plantet

Høstet

Lysniveau

Sol

Delvis sol

Skygge

Andre

Startet fra

Frø

Plante

Bedømmelse

Størrelse ○○○○○

Farve ○○○○○

Smag ○○○○○

Gødningsstoffer og udstyr

Vandkrav

0%
mindre

Plejeanvisninger

Plantningsanvisninger

Yderligere bemærkninger

Logbog for havebrug

| Navn | Placering |
| Leverandør | Pris |

Videnskabelig klasse

Vegetabilske	○	Frugt
Urt	○	Blomst
Busk	○	Træ
Årlig	○	Toårig
Flerårig	○	Frøplante

Dato

Spiret

Plantet

Høstet

Lysniveau

Sol

Delvis sol

Skygge

Andre

Startet fra

Frø

Plante

Bedømmelse

Størrelse ○○○○○

Farve ○○○○○

Smag ○○○○○

Gødningsstoffer
og udstyr

Vandkrav

0%
mindre

Plejeanvisninger

Plantningsanvisninger

Yderligere
bemærkninger

Logbog for havebrug

Navn	Placering
Leverandør	Pris

Videnskabelig klasse

Vegetabilske	○	Frugt
Urt	○	Blomst
Busk	○	Træ
Årlig	○	Toårig
Flerårig	○	Frøplante

Dato		Lysniveau
Spiret		Sol
Plantet		Delvis sol
		Skygge
Høstet		Andre

Startet fra	Bedømmelse	
Frø	Størrelse	○○○○○
Plante	Farve	○○○○○
	Smag	○○○○○

Gødningsstoffer
og udstyr

Vandkrav

0%
mindre

Plejeanvisninger

Plantningsanvisninger

Yderligere
bemærkninger

Logbog for havebrug

Navn

Placering

Leverandør

Pris

Videnskabelig klasse

Vegetabilske	◯	Frugt
Urt	◯	Blomst
Busk	◯	Træ
Årlig	◯	Toårig
Flerårig	◯	Frøplante

Dato

Spiret

Plantet

Høstet

Lysniveau

Sol

Delvis sol

Skygge

Andre

Startet fra

Frø

Plante

Bedømmelse

Størrelse ◯◯◯◯◯

Farve ◯◯◯◯◯

Smag ◯◯◯◯◯

Gødningsstoffer og udstyr

Vandkrav

0%
mindre

Plejeanvisninger

Plantningsanvisninger

Yderligere bemærkninger

Logbog for havebrug

Navn	Placering
Leverandør	Pris

Videnskabelig klasse

Vegetabilske	○	Frugt
Urt	○	Blomst
Busk	○	Træ
Årlig	○	Toårig
Flerårig	○	Frøplante

Dato

Spiret

Plantet

Høstet

Lysniveau

Sol

Delvis sol

Skygge

Andre

Startet fra

Frø

Plante

Bedømmelse

Størrelse	○○○○○
Farve	○○○○○
Smag	○○○○○

Gødningsstoffer
og udstyr

Vandkrav

0%
mindre

Plejeanvisninger

Plantningsanvisninger

Yderligere
bemærkninger

Logbog for havebrug

Navn	Placering
Leverandør	Pris

Videnskabelig klasse

Vegetabilske	○	Frugt
Urt	○	Blomst
Busk	○	Træ
Årlig	○	Toårig
Flerårig	○	Frøplante

Dato

Spiret

Plantet

Høstet

Startet fra

Frø

Plante

Lysniveau

Sol

Delvis sol

Skygge

Andre

Bedømmelse

Størrelse ○○○○○

Farve ○○○○○

Smag ○○○○○

Gødningsstoffer
og udstyr

Vandkrav

0%
mindre

Plejeanvisninger

Plantningsanvisninger

Yderligere
bemærkninger

Logbog for havebrug

Navn	Placering

Leverandør	Pris

Videnskabelig klasse

Vegetabilske	○	Frugt
Urt	○	Blomst
Busk	○	Træ
Årlig	○	Toårig
Flerårig	○	Frøplante

Dato

Spiret

Plantet

Høstet

Lysniveau

Sol

Delvis sol

Skygge

Andre

Startet fra

Frø

Plante

Bedømmelse

Størrelse	○○○○○
Farve	○○○○○
Smag	○○○○○

Gødningsstoffer og udstyr

Vandkrav

0%
mindre

Plejeanvisninger

Plantningsanvisninger

Yderligere bemærkninger

Logbog for havebrug

Navn		Placering
Leverandør		Pris

Videnskabelig klasse

Vegetabilske	○	Frugt
Urt	○	Blomst
Busk	○	Træ
Årlig	○	Toårig
Flerårig	○	Frøplante

Dato

Spiret

Plantet

Høstet

Lysniveau

Sol

Delvis sol

Skygge

Andre

Startet fra

Frø

Plante

Bedømmelse

Størrelse	○○○○○
Farve	○○○○○
Smag	○○○○○

Gødningsstoffer og udstyr

Vandkrav

0%
mindre

Plejeanvisninger

Plantningsanvisninger

Yderligere bemærkninger

Logbog for havebrug

Navn | Placering

Leverandør | Pris

Videnskabelig klasse

Vegetabilske	○	Frugt
Urt	○	Blomst
Busk	○	Træ
Årlig	○	Toårig
Flerårig	○	Frøplante

Dato

Spiret

Plantet

Høstet

Lysniveau

Sol

Delvis sol

Skygge

Andre

Startet fra

Frø

Plante

Bedømmelse

Størrelse ○○○○○

Farve ○○○○○

Smag ○○○○○

Gødningsstoffer
og udstyr

Vandkrav

0%
mindre

Plejeanvisninger

Plantningsanvisninger

Yderligere
bemærkninger

Logbog for havebrug

Navn	Placering

Leverandør	Pris

Videnskabelig klasse

Vegetabilske	○	Frugt
Urt	○	Blomst
Busk	○	Træ
Årlig	○	Toårig
Flerårig	○	Frøplante

Dato

Spiret

Plantet

Høstet

Lysniveau

Sol

Delvis sol

Skygge

Andre

Startet fra

Frø

Plante

Bedømmelse

Størrelse ○○○○○

Farve ○○○○○

Smag ○○○○○

Gødningsstoffer og udstyr

Vandkrav

0% mindre

Plejeanvisninger

Plantningsanvisninger

Yderligere bemærkninger

Logbog for havebrug

Navn

Placering

Leverandør

Pris

Videnskabelig klasse

Vegetabilske	○	Frugt
Urt	○	Blomst
Busk	○	Træ
Årlig	○	Toårig
Flerårig	○	Frøplante

Dato

Spiret

Plantet

Høstet

Lysniveau

Sol

Delvis sol

Skygge

Andre

Startet fra

Frø

Plante

Bedømmelse

Størrelse ○○○○○

Farve ○○○○○

Smag ○○○○○

Gødningsstoffer og udstyr

Vandkrav

0%
mindre

Plejeanvisninger

Plantningsanvisninger

Yderligere bemærkninger

Logbog for havebrug

Navn	Placering

Leverandør	Pris

Videnskabelig klasse

Vegetabilske	○	Frugt
Urt	○	Blomst
Busk	○	Træ
Årlig	○	Toårig
Flerårig	○	Frøplante

Dato

Spiret

Plantet

Høstet

Lysniveau

Sol

Delvis sol

Skygge

Andre

Startet fra

Frø

Plante

Bedømmelse

Størrelse	○○○○○
Farve	○○○○○
Smag	○○○○○

Gødningsstoffer og udstyr

Vandkrav

0%
mindre

Plejeanvisninger

Plantningsanvisninger

Yderligere bemærkninger

Logbog for havebrug

Navn	Placering
Leverandør	Pris

Videnskabelig klasse

Vegetabilske	○	Frugt
Urt	○	Blomst
Busk	○	Træ
Årlig	○	Toårig
Flerårig	○	Frøplante

Dato

Spiret

Plantet

Høstet

Lysniveau

Sol

Delvis sol

Skygge

Andre

Startet fra

Frø

Plante

Bedømmelse

Størrelse	○○○○○
Farve	○○○○○
Smag	○○○○○

Gødningsstoffer og udstyr

Vandkrav

0% mindre

Plejeanvisninger

Plantningsanvisninger

Yderligere bemærkninger

Logbog for havebrug

Navn

Placering

Leverandør

Pris

Videnskabelig klasse

Vegetabilske	○	Frugt
Urt	○	Blomst
Busk	○	Træ
Årlig	○	Toårig
Flerårig	○	Frøplante

Dato

Spiret

Plantet

Høstet

Lysniveau

Sol

Delvis sol

Skygge

Andre

Startet fra

Frø

Plante

Bedømmelse

Størrelse ○○○○○

Farve ○○○○○

Smag ○○○○○

Gødningsstoffer
og udstyr

Vandkrav

0%
mindre

Plejeanvisninger

Plantningsanvisninger

Yderligere
bemærkninger

Logbog for havebrug

Navn		Placering	
Leverandør		**Pris**	

Videnskabelig klasse

Vegetabilske	○	Frugt
Urt	○	Blomst
Busk	○	Træ
Årlig	○	Toårig
Flerårig	○	Frøplante

Dato

Spiret

Plantet

Høstet

Lysniveau

Sol

Delvis sol

Skygge

Andre

Startet fra

Frø

Plante

Bedømmelse

Størrelse	○○○○○
Farve	○○○○○
Smag	○○○○○

Gødningsstoffer og udstyr

Vandkrav

0%
mindre

Plejeanvisninger

Plantningsanvisninger

Yderligere bemærkninger

Logbog for havebrug

Navn	Placering
Leverandør	Pris

Videnskabelig klasse

Vegetabilske	○	Frugt
Urt	○	Blomst
Busk	○	Træ
Årlig	○	Toårig
Flerårig	○	Frøplante

Dato

Spiret

Plantet

Høstet

Lysniveau

Sol

Delvis sol

Skygge

Andre

Startet fra

Frø

Plante

Bedømmelse

Størrelse	○○○○○
Farve	○○○○○
Smag	○○○○○

Gødningsstoffer og udstyr

Vandkrav

0%
mindre

Plejeanvisninger

Plantningsanvisninger

Yderligere bemærkninger

Logbog for havebrug

Navn	Placering

Leverandør	Pris

Videnskabelig klasse

Vegetabilske	◯	Frugt
Urt	◯	Blomst
Busk	◯	Træ
Årlig	◯	Toårig
Flerårig	◯	Frøplante

Dato

Spiret

Plantet

Høstet

Lysniveau

Sol

Delvis sol

Skygge

Andre

Startet fra

Frø

Plante

Bedømmelse

Størrelse	◯◯◯◯◯
Farve	◯◯◯◯◯
Smag	◯◯◯◯◯

Gødningsstoffer
og udstyr

Vandkrav

0%
mindre

Plejeanvisninger

Plantningsanvisninger

Yderligere
bemærkninger

Logbog for havebrug

| Navn | Placering |

| Leverandør | Pris |

Videnskabelig klasse

Vegetabilske	○	Frugt
Urt	○	Blomst
Busk	○	Træ
Årlig	○	Toårig
Flerårig	○	Frøplante

Dato

Spiret

Plantet

Høstet

Lysniveau

Sol

Delvis sol

Skygge

Andre

Startet fra

Frø

Plante

Bedømmelse

Størrelse	○○○○○
Farve	○○○○○
Smag	○○○○○

Gødningsstoffer og udstyr

Vandkrav

0%
mindre

Plejeanvisninger

Plantningsanvisninger

Yderligere bemærkninger

Logbog for havebrug

Navn		Placering	
Leverandør		**Pris**	

Videnskabelig klasse

Vegetabilske	◯	Frugt
Urt	◯	Blomst
Busk	◯	Træ
Årlig	◯	Toårig
Flerårig	◯	Frøplante

Dato		Lysniveau
Spiret		Sol
Plantet		Delvis sol
Høstet		Skygge
		Andre

Startet fra		Bedømmelse
Frø		Størrelse ◯◯◯◯◯
Plante		Farve ◯◯◯◯◯
		Smag ◯◯◯◯◯

Gødningsstoffer
og udstyr

Vandkrav

0%
mindre

Plejeanvisninger

Plantningsanvisninger

Yderligere
bemærkninger

Logbog for havebrug

Navn

Placering

Leverandør

Pris

Videnskabelig klasse

Vegetabilske	○	Frugt
Urt	○	Blomst
Busk	○	Træ
Årlig	○	Toårig
Flerårig	○	Frøplante

Dato

Spiret

Plantet

Høstet

Lysniveau

Sol

Delvis sol

Skygge

Andre

Startet fra

Frø

Plante

Bedømmelse

Størrelse	○○○○○
Farve	○○○○○
Smag	○○○○○

Gødningsstoffer og udstyr

Vandkrav

0%
mindre

Plejeanvisninger

Plantningsanvisninger

Yderligere bemærkninger

Logbog for havebrug

Navn		Placering	
Leverandør		Pris	

Videnskabelig klasse

Vegetabilske	○	Frugt
Urt	○	Blomst
Busk	○	Træ
Årlig	○	Toårig
Flerårig	○	Frøplante

Dato

Spiret

Plantet

Høstet

Lysniveau

Sol

Delvis sol

Skygge

Andre

Startet fra

Frø

Plante

Bedømmelse

Størrelse	○○○○○
Farve	○○○○○
Smag	○○○○○

Gødningsstoffer
og udstyr

Vandkrav

0%
mindre

Plejeanvisninger

Plantningsanvisninger

Yderligere
bemærkninger

Logbog for havebrug

Navn	Placering

Leverandør	Pris

Videnskabelig klasse

Vegetabilske	○	Frugt
Urt	○	Blomst
Busk	○	Træ
Årlig	○	Toårig
Flerårig	○	Frøplante

Dato		Lysniveau
Spiret		Sol
Plantet		Delvis sol
		Skygge
Høstet		Andre

Startet fra		Bedømmelse
Frø		Størrelse ○○○○○
Plante		Farve ○○○○○
		Smag ○○○○○

Gødningsstoffer
og udstyr

Vandkrav

0%
mindre

Plejeanvisninger

Plantningsanvisninger

Yderligere
bemærkninger

Logbog for havebrug

Navn

Placering

Leverandør

Pris

Videnskabelig klasse

Vegetabilske	○	Frugt
Urt	○	Blomst
Busk	○	Træ
Årlig	○	Toårig
Flerårig	○	Frøplante

Dato

Spiret

Plantet

Høstet

Lysniveau

Sol

Delvis sol

Skygge

Andre

Startet fra

Frø

Plante

Bedømmelse

Størrelse ○○○○○

Farve ○○○○○

Smag ○○○○○

Gødningsstoffer og udstyr

Vandkrav

0%
mindre

Plejeanvisninger

Plantningsanvisninger

Yderligere bemærkninger

Logbog for havebrug

Navn	Placering
Leverandør	Pris

Videnskabelig klasse

Vegetabilske	○	Frugt
Urt	○	Blomst
Busk	○	Træ
Årlig	○	Toårig
Flerårig	○	Frøplante

Dato

Spiret

Plantet

Høstet

Lysniveau

Sol

Delvis sol

Skygge

Andre

Startet fra

Frø

Plante

Bedømmelse

Størrelse ○○○○○

Farve ○○○○○

Smag ○○○○○

Gødningsstoffer og udstyr	Vandkrav

0%
mindre

Plejeanvisninger	Plantningsanvisninger

Yderligere bemærkninger

www.ingramcontent.com/pod-product-compliance
Lightning Source LLC
LaVergne TN
LVHW010546200726
843506LV00013B/2951